Tip, Tip

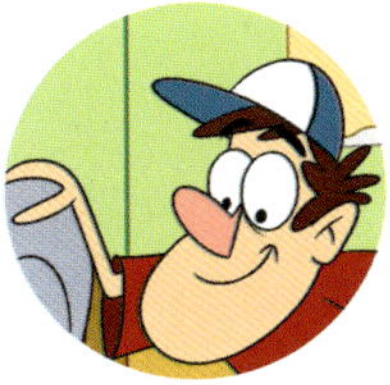

Written by
Stephen Rickard

Illustrated by
Leo Trinidad

Ransom

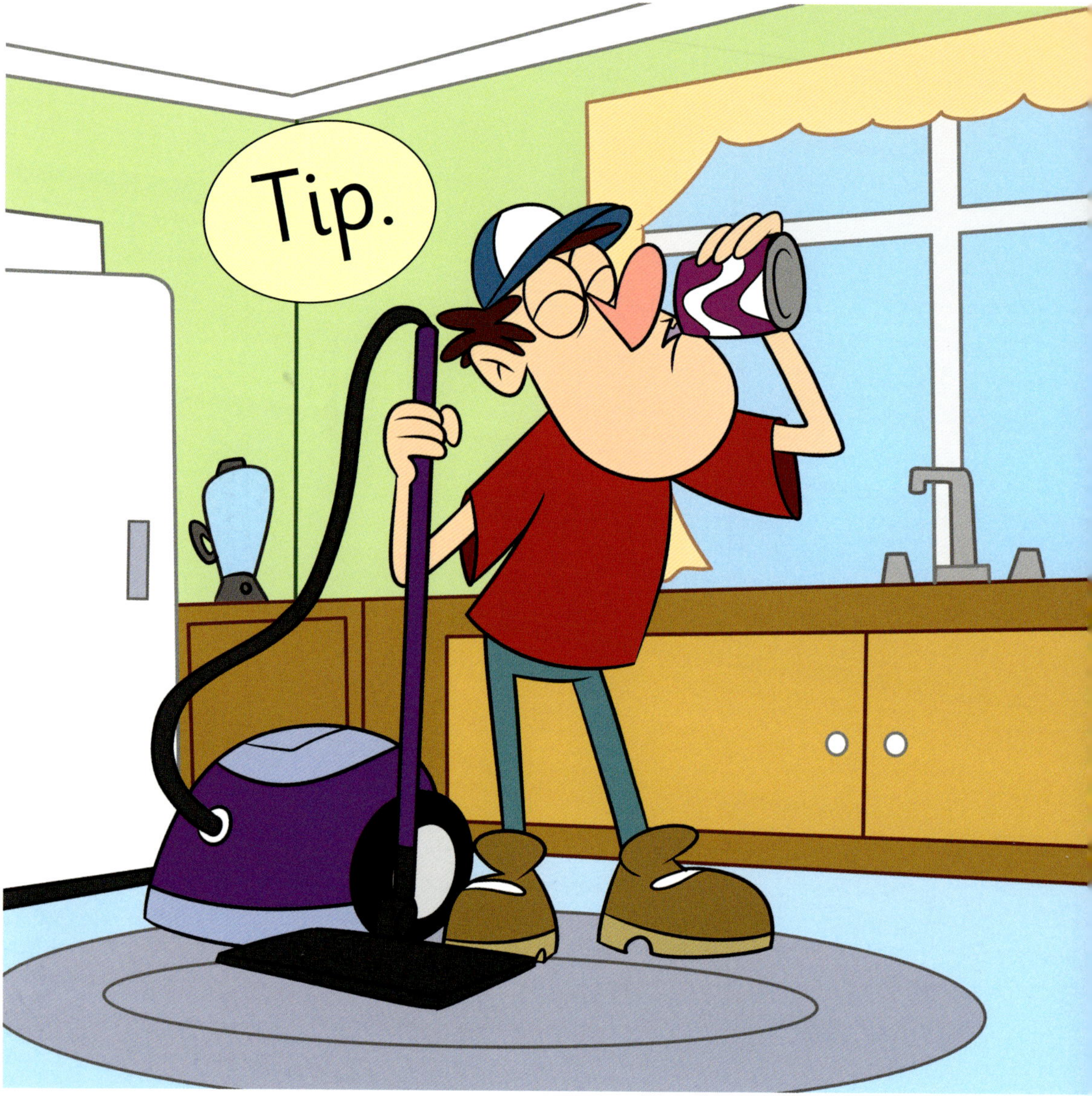

Tip a tin.

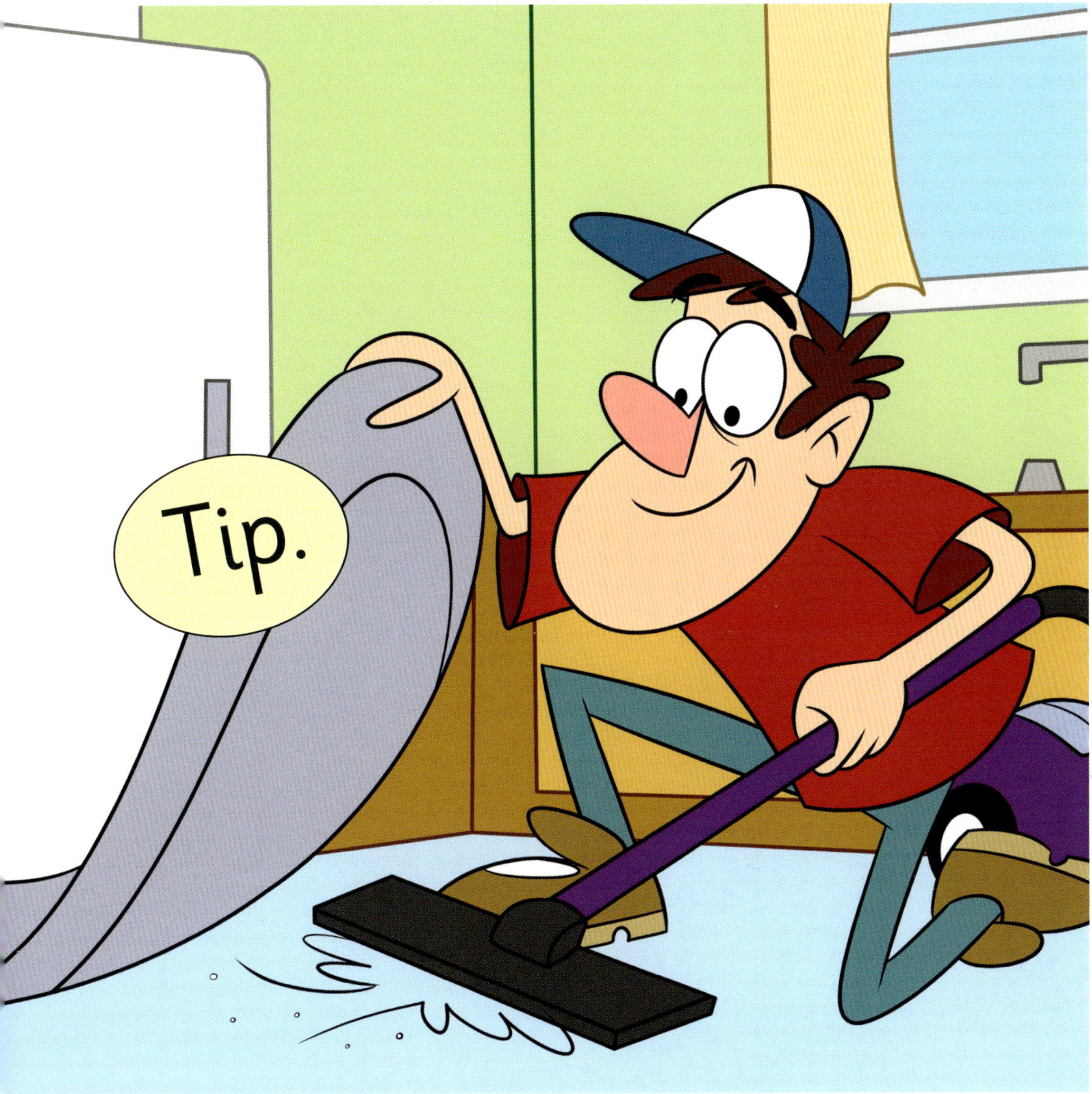

Tip a mat.

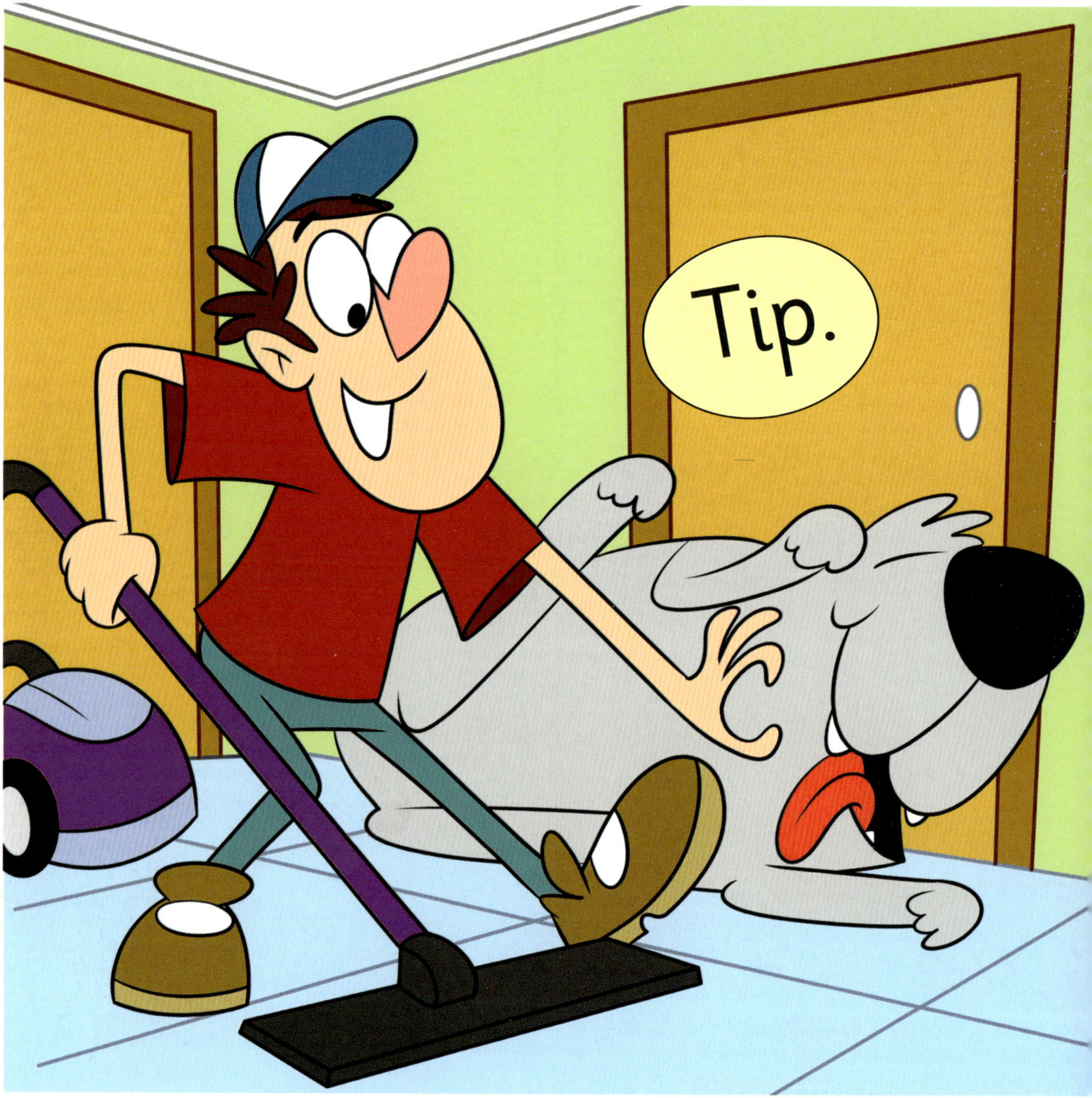

Tip Sid.

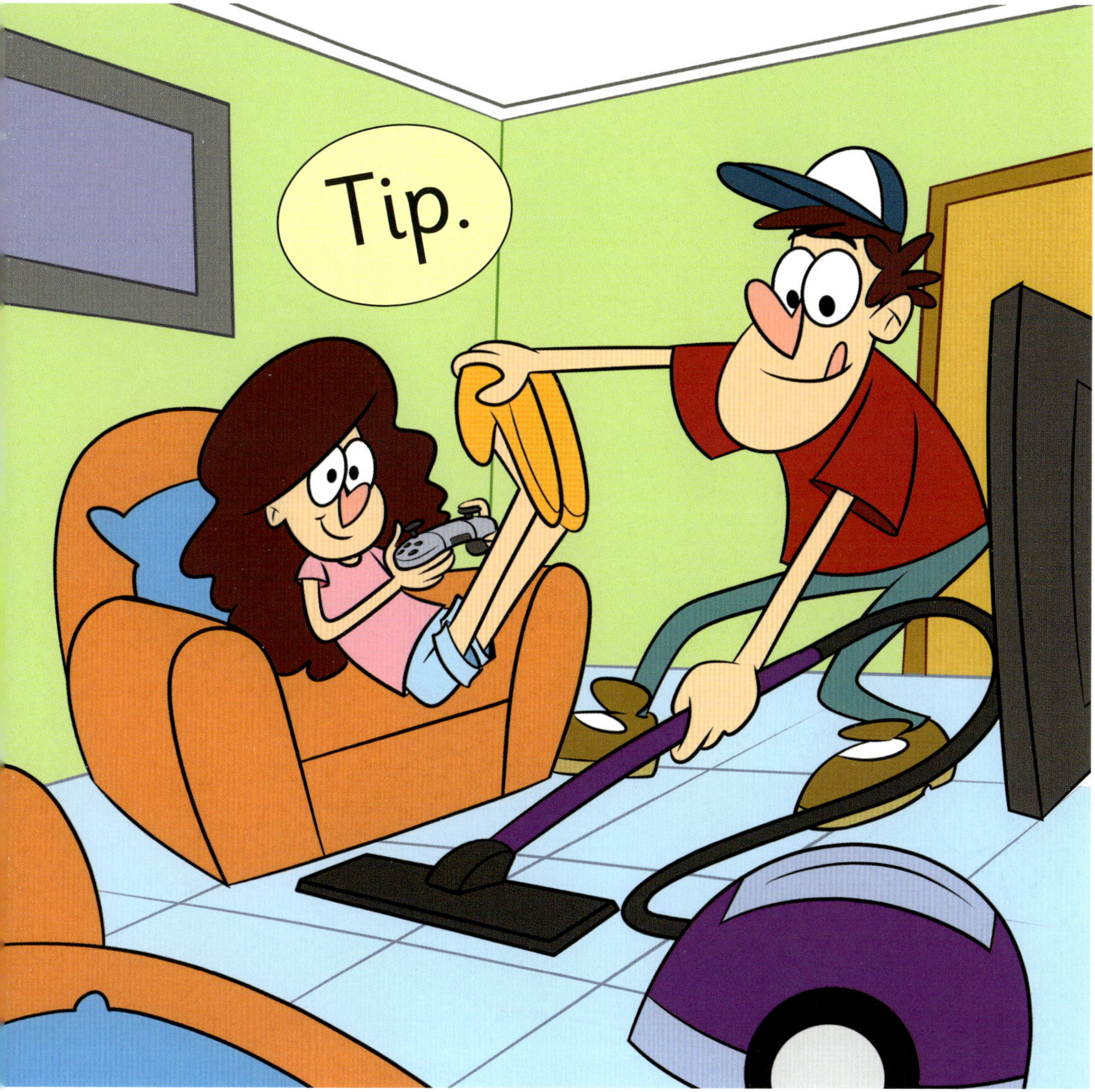

Tip Pam.

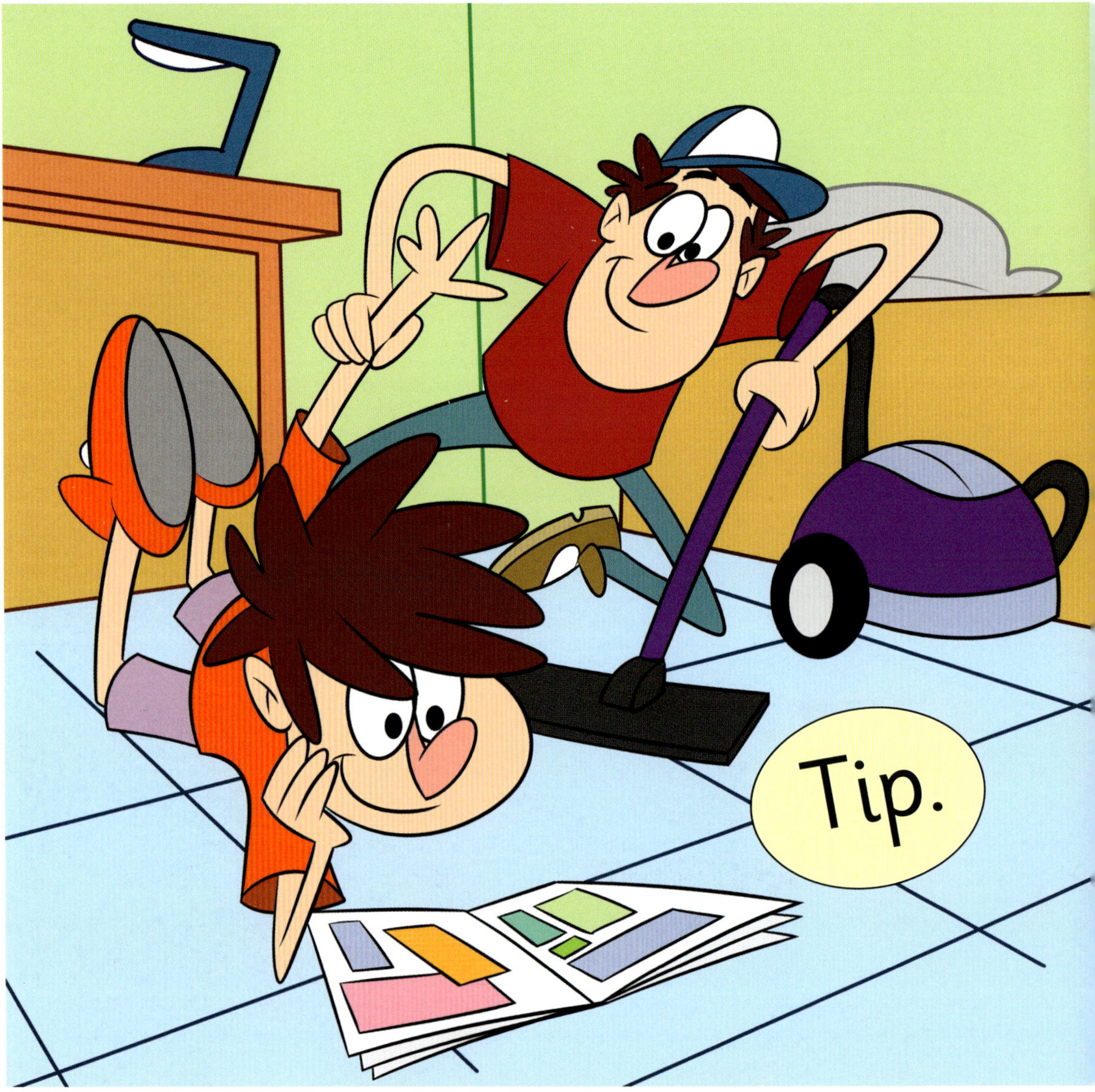

Tip Tim.

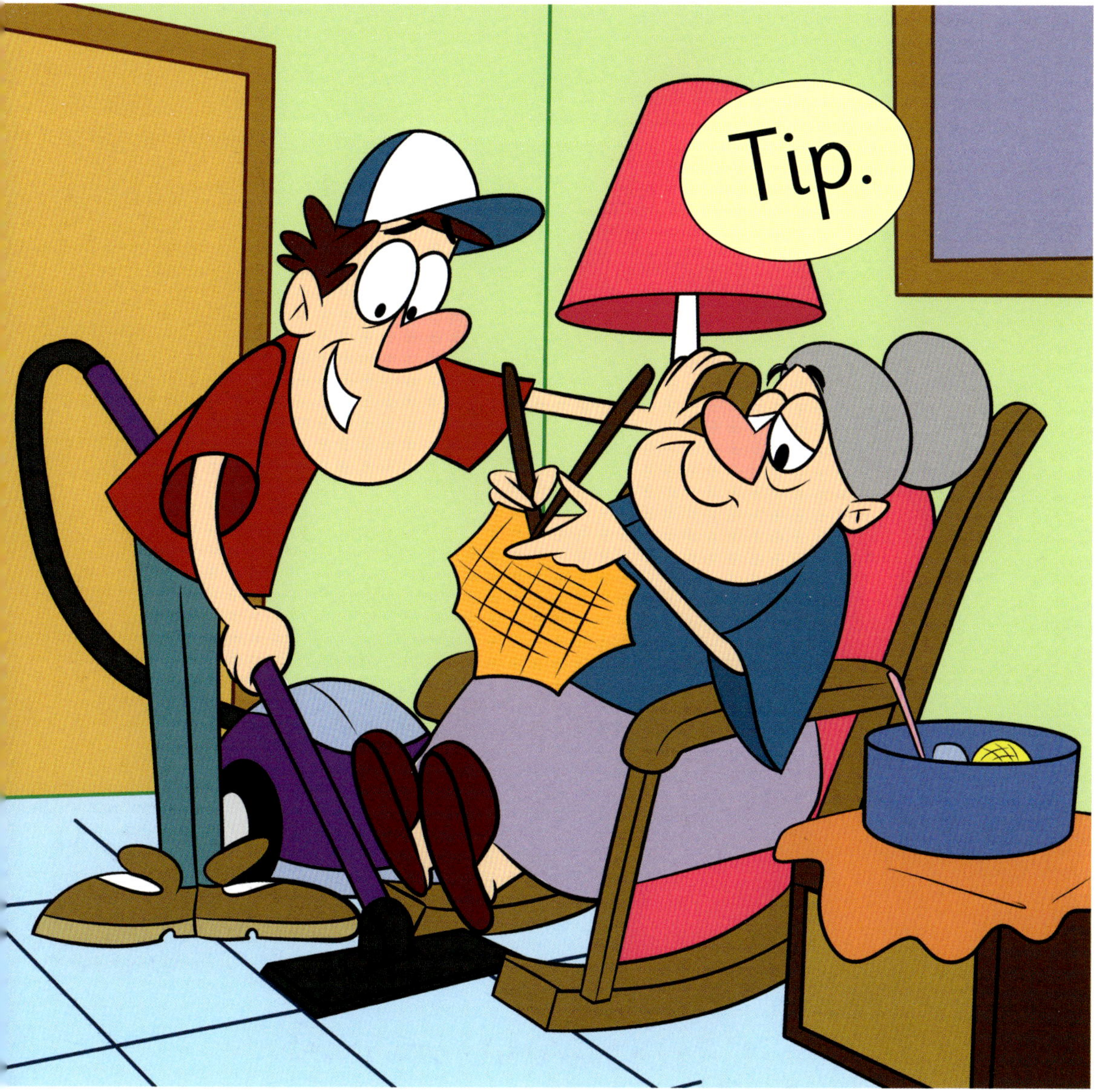

Tip Nan.

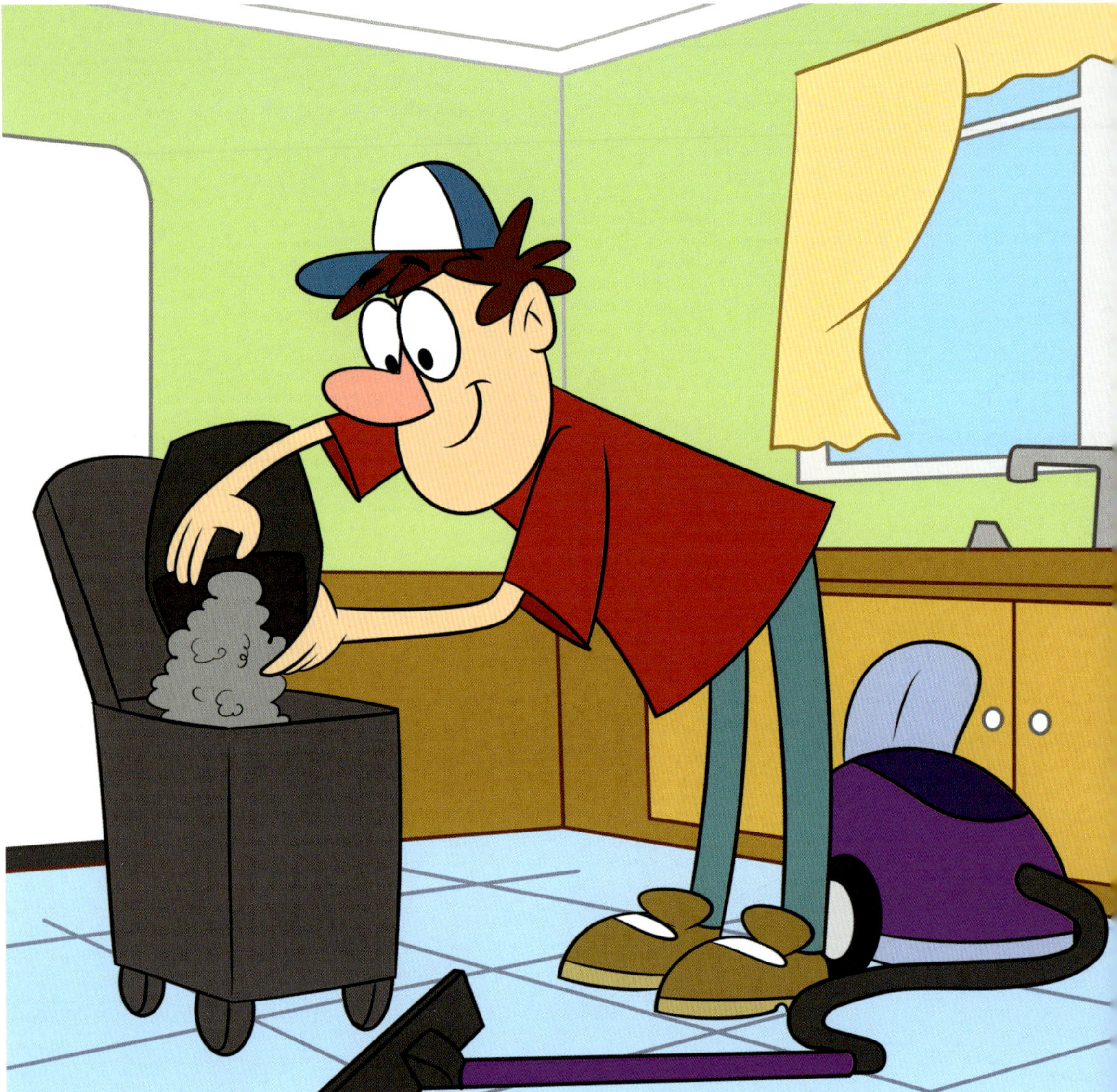

Tip, tip.